LA **INTEGRIDAD**
DE LA **BIBLIA**

STEVEN R. MARTINS

LA **INTEGRIDAD** DE LA **BIBLIA**

STEVEN R. MARTINS

cantaroinstitute.org

La Integridad de la Biblia

Published by Cántaro Publications, a publishing imprint of the Cántaro Institute, Jordan Station, Ontario, Canada

© 2023 by Cántaro Institute. All rights reserved. First published in 2020 as the appendix to *God, Man, Life & the Bible: The Costa Rica Conference Lectures.*

Unless otherwise indicated, Scripture taken from La Biblia de las Américas® (LBLA®), Copyright © 1986, 1995, 1997 by The Lockman Foundation. Used by permission. www.LBLA.com.

Illustrations sourced from Pixabay.com

For volume pricing, please contact
info@cantaroinstitute.org

Library & Archives Canada
ISBN: 978-1-990771-24-8

Printed in the United States of America

TABLA DE CONTENIDO

"Toda Escritura es inspirada por Dios y útil para enseñar, para reprender, para corregir, para instruir en justicia."

– 2 Timoteo 3:16

1

INTRODUCCIÓN

En honor al 500 aniversario de la reforma protestante, creo que es apropiado citar las siguientes palabras de Martín Lutero, el reformador alemán del siglo XVI, con relación a la Biblia y su veracidad:

> La Biblia es el libro apropiado para los hombres. Allí la verdad se distingue del error mucho más claramente que en cualquier otro lugar, y uno encuentra algo nuevo en él todos los días. Durante veintiocho años, desde que me convertí en un erudito, ahora he leído y predicado la Biblia constantemente; Y, sin embargo, no lo he agotado, pero encuentro algo nuevo todos los días.[1]

Hace quinientos años, la reforma comenzó como un movimiento eclesiológico que buscaba devolver la iglesia a la autoridad singular de las Escrituras y la pureza del Evangelio. La frase en latín para este principio fue *Sola Scriptura* (solo la Escritura). Las otras cuatro *Solas* de la doctrina cristiana (*Sola Fide*, *Sola*

---

1. Martin Luther, *Weimarer Ausgabe Tischreden* 5, no. 5193.

Gratia, *Solus Christus* y *Soli Deo Gloria*) se derivaron de este principio *Sola*.

Para la ocasión de iniciar esta conferencia, me pidieron que hablara sobre la veracidad y la confiabilidad de la Biblia. De hecho, es un gran privilegio hablar sobre un tema tan vital y relevante. Sin embargo, desde el principio debo decir que no tengo ninguna disculpa por mi posición sobre las Escrituras cristianas. Como fue el caso con los reformadores, es igualmente imposible para mí adoptar una posición de neutralidad con respecto a la Biblia. Como Lutero, la Biblia es la fuente de mi vida y de mi aprendizaje, es la Palabra de Dios divinamente inspirada para todos los hombres, y espero que al final de este discurso, ustedes también reconozcan este libro sagrado como la revelación de la palabra soberana de Dios. Y si por la providencia de Dios ya lo hizo, entonces confío y espero que esta conferencia sirva para fortalecer aún más su fe en la palabra de Dios.

Hasta el día de hoy, la Biblia ha sido registrada como el libro más ampliamente distribuido en el mundo. Desde el año 1815 (aproximadamente cuando los registros comenzaban a conservarse regularmente) se han distribuido más de 5 billones de copias en Occidente. Ha sido traducida de su hebreo y griego originales a casi todos los idiomas conocidos del mundo, y ha llegado a todos los rincones de la tierra —incluso a los países del Medio Oriente, Asia y otras partes del mundo donde han sido prohibidos—. Es un libro extraordinario como ningún otro, y ha dejado su huella en la civilización humana como ningún otro libro lo ha hecho nunca.

En el mundo occidental, la Biblia fue una vez venerada y respetada como la respuesta a las preguntas de nuestra cultura. En cuanto a la estructura y dirección de las instituciones de nuestra sociedad, ya sean la familia, la iglesia, el estado o la universidad, la Biblia fue la brújula, el mapa y la guía. En lo que respecta a las disciplinas de la academia —que van desde la filosofía hasta las humanidades— hizo posible el estudio, desarrollo y progreso de las disciplinas. Y en respeto a la justicia y la dignidad justa de la persona

humana, la Biblia era la norma. Era más que una simple comunicación de Dios para la salvación espiritual de la humanidad, era la interpretación autoritaria de la realidad, que debía aplicarse a todas las áreas de la vida, informándonos de la promesa de Dios para la restauración y renovación de todo el orden creado. Pero a medida que las creencias religiosas de la gente cambiaron a lo largo del tiempo, la Biblia se volvió menos una autoridad para la humanidad y más el tema de las preguntas de nuestra cultura:

- ¿Cómo podría la Biblia haber contribuido al desarrollo de la civilización occidental?
- ¿Podemos confiar en la afirmación bíblica de su infalibilidad e inerrancia?
- ¿Qué tiene la Biblia para ofrecernos y a nuestra cultura actual?

Espero proporcionar respuestas satisfactorias a estas preguntas dentro de mi limitado tiempo al proporcionar (i) una breve descripción de la historia y la narrativa de la Biblia; (ii) su contribución cultural al occidente; y (iii) el significado del auto testimonio de la Biblia de su infalibilidad e inerrancia.

CAPÍTULO

2

LA HISTORIA Y LA NARRATIVA
DE LA BIBLIA

Para empezar, para aquellos que no están familiarizados con los comienzos de la Biblia, la Biblia se desarrolló mediante la revelación progresiva de Dios en la historia humana, comenzando primero con los libros de la Ley del Antiguo Testamento. El Antiguo Testamento es el resultado de los escribas, sacerdotes, profetas, reyes y poetas hebreos registrando la historia de su pueblo —y esta historia consistiendo en su propia relación de pacto con Dios—. Estos escritos fueron copiados repetidamente de generación en generación y fueron agrupados en tres colecciones: (1) la Ley (*Torah*); (2) los Profetas (*Nevi'im*); y (3) los Escritos (*Ketuvim*).

La *Torah* contenía los primeros cinco libros de la Biblia, también conocidos como el Pentateuco (Génesis a Deuteronomio). El *Nevi'im* consistía de Isaías, Jeremías, Ezequiel, los Doce Profetas Menores, y Josué, Jueces, 1º y 2º de Samuel, y 1º y 2º de Reyes. El *Ketuvim* incluyeron el resto de los libros del Antiguo Testamento, como los grandes libros poéticos de los Salmos y el Cantar de los Cantares, la literatura de sabiduría de Proverbios, Job, Eclesiastés y los libros de Ester, Lamentaciones, Rut, Daniel, Esdras, Nehemías, y 1 y 2 Crónicas. Algunos de estos libros han sido categorizados bajo los libros "Proféticos" e "Históricos", pero los judíos tradicionalmente han mantenido estas tres categorías. Estos libros en conjunto forman la Biblia hebrea, o como se lo refieren los cristianos, el Antiguo Testamento.

Lo que siguió históricamente fue la escritura del Nuevo Testamento, y este consistió en los Evangelios (los relatos de testigos oculares de Jesús), las epístolas paulinas, las cartas pastorales y el libro de Apocalipsis. Estos fueron escritos y distribuidos en la Iglesia del siglo I d.C., una comunidad de seguidores de Jesús —tanto judíos como gentiles—, en el mismo siglo y generación en que ocurrieron los eventos registrados. Estos libros, junto con el Antiguo Testamento, forman toda la unidad de la Biblia cristiana.

A pesar de su autoría diversa y sus escritos que abarcan 1,500 años, la Biblia presenta una historia única en desarrollo: la redención de los seres humanos por parte de Dios y su promesa de redimir todo el orden creado bajo su gobierno justo. Este justo gobierno de Dios es a menudo referido por la Biblia como el "Reino de Dios", y en otros pasajes bíblicos "el Reino de los cielos". Encontramos este tema del reino comenzando en el primer libro de la *Torah*, el libro del Génesis. Podemos referirnos a esta instancia como el **Patrón del Reino,** en el cual el jardín del Edén, creado por Dios, sirve como un reflejo del mundo como Dios lo diseñó.[2] Para elaborar, en el contexto de los dos primeros capítulos de Génesis, Adán y Eva son el pueblo de Dios (su creación), viven en el lugar de Dios (su creación) y están bajo su gobierno real mientras que se someten a la palabra-ley de Dios. El estado original de la creación como bueno, no caído, era un reflejo de lo que iba a ser el reino de Dios en la tierra, y la autoridad fue delegada al hombre para cultivar la creación de Dios en una civilización piadosa para la gloria de Dios (Gén. 1:27-28).

Pero tal como lo describe el escritor bíblico

---

2. Vaughan Roberts, *God's Big Picture: Tracing the Storyline of the Bible* (Downers Grove, IL.: IVP Books, 2002), 24.

Vaughan Roberts, el **Patrón del Reino** dio paso al **Reino Perdido,** mientras Adán y Eva buscaban la independencia completa de Dios[3] —esto era, para decirlo claramente, la búsqueda del hombre para determinar la realidad, la ética y el conocimiento por sí mismos—. Habiéndose rebelado contra su Rey-Creador, ya no eran el pueblo de Dios. Siguieron siendo su creación, pero eran criaturas de Dios en rebelión y hostilidad. También perdieron su legítima reclamación y autoridad sobre la creación (como se les había dado), y habiendo desobedecido la palabra-ley de Dios, ya no estaban bajo el gobierno justo de Dios (como habían deseado inicialmente), es decir, ya no caminaban en obediencia a Dios. El resultado de esta rebelión fue una maldición que impactó no solo el núcleo del hombre, es decir, su ser, sino toda la creación, que estaba bajo su dominio. Él caminaría, desde entonces, bajo el juicio del Creador, experimentando los diversos males de nuestro mundo caído.

Sin embargo, la narración de las Escrituras no

---

3. Ibid.

termina en tragedia. En el tercer capítulo de Génesis encontramos la promesa de Dios con respecto a la restauración de su reino en la tierra y todas las cosas creadas (Gén. 3:15). Este **Reino Prometido** se realizará a través de los descendientes de Abraham, que serán el pueblo de Dios, viviendo en la tierra que Dios ha dado para gobernar, sujeto a su palabra-ley.[4] Este reino solo se cumple parcialmente a través de la nación de Israel en el Antiguo Testamento y, por lo tanto, se lo reconoce como el **Reino Parcial,** porque para los que están familiarizados con la historia del Antiguo Testamento, Israel demostró ser infiel a su Dios en múltiples ocasiones.[5]

Como resultado de su continua y persistente infidelidad, Dios hizo que su pueblo fuera exiliado a Asiria y Babilonia de acuerdo con el juicio establecido en su *Torah*, y es durante este tiempo que la Biblia nos habla del **Reino Profetizado.**[6] En los escritos bíblicos de los profetas, se anuncia un momento en que Dios

4. Ibid.

5. Ibid., 24-25.

6. Ibid., 25.

actuará de manera decisiva a través de su Rey designado, el Mesías, quien cumpliría todas las promesas de su reino. Sin embargo, aunque los judíos que regresaron del cautiverio bajo Ezra, Zorobabel y Nehemías pensaron que esto iba a suceder de inmediato, este **Reino Profetizado** apuntaba hacia la era del Nuevo Testamento.

El Nuevo Testamento registra la vida y el ministerio de Jesucristo, un descendiente del rey David y Abraham, y el ministerio de su iglesia. Jesús ministró cuatrocientos años después de que se completó el Antiguo Testamento, y en su enseñanza, dejó en claro por varias formas que él era el Mesías tan esperado. El Antiguo Testamento enseña que el Mesías vendrá como uno divino y, sin embargo, en la forma de un hombre, y el Nuevo Testamento afirma esto al presentar a Jesús como el Hijo de Dios quien ha venido en carne humana. El estudio de la cristología es vasto en sí mismo, pero para leer algunos pasajes del Antiguo y Nuevo Testamento, podemos discernir las diversas formas de cumplimiento:

- En Daniel 7:13-14, por ejemplo, el profeta escribe sobre la visión mesiánica que recibió en 603 a. C.: "...y he aquí, con las nubes del cielo venía uno como un Hijo de Hombre, que se dirigió al Anciano de Días y fue presentado ante Él. Y le fue dado dominio, gloria y reino, para que todos los pueblos, naciones y lenguas le sirvieran. Su dominio es un dominio eterno que nunca pasará, y su reino uno que no será destruido".

- Cuando Jesús se presentó ante el sumo sacerdote en el siglo I d.C., se le preguntó quién era realmente.

  Mateo registra el interrogatorio: "...Y el sumo sacerdote le dijo: Te conjuro por el Dios viviente que nos digas si tú eres el Cristo, el Hijo de Dios. Jesús le dijo: Tú mismo lo has dicho; sin embargo, os digo que desde ahora veréis al Hijo del Hombre sentado a la diestra del Poder, y viniendo sobre las nubes del cielo" (Mt. 26:63-64).

- El profeta Isaías también escribió sobre el Mesías venidero a mediados del siglo VIII a. C., profetizando: "El Espíritu del Señor Dios está sobre mí, porque me ha ungido el Señor para traer buenas nuevas a los afligidos; me ha enviado para vendar a los quebrantados de corazón, para proclamar libertad a los cautivos y liberación a los prisioneros" (Is. 61:1).

- El escritor del evangelio Lucas, en el siglo I d.C., registra que Jesús afirmó el cumplimiento personal de este pasaje, habiéndolo leído en la sinagoga y declarando a los congregantes: "Hoy se ha cumplido esta Escritura que habéis oído" (Lc. 4:21).

- En ambas circunstancias, muchos de los que estaban en la multitud trataron de matarlo, porque afirmaba ser igual a Dios. De hecho, por orden del sumo sacerdote, fue condenado a la muerte. Esta afirmación innegable de la divinidad por parte de Jesús está respaldada por Juan 8:57-58. En este pasaje los judíos preguntaron: "Aún no tienes cincuenta años, ¿y has visto a Abraham? Jesús les dijo: En verdad, en verdad os digo: antes que Abraham naciera, yo soy".

Estos son solo algunos de los varios pasajes que pueden compararse entre el Antiguo y el Nuevo Testamento en cuanto a su cumplimiento en Cristo, pero mi preferido, quizás por su detalle revelador y su significado, es el capítulo completo de Isaías 53 que profetiza el sufrimiento de Cristo en la cruz. Él es el rey que vino como un siervo sufriente.

La crucifixión de Cristo fue el cumplimiento de la promesa de Dios en Génesis 3:15, porque al cumplir la ley y, por lo tanto, siendo sin pecado ante Dios, Jesús se hizo un sacrificio digno para pagar la deuda de pecado de la humanidad. El quebrantamiento de la ley de Dios, después de todo, requiere un castigo debido a la naturaleza justa de Dios, y al derramar su ira sobre su Hijo, podía legalmente perdonar al hombre, satisfacer la justicia y por el poder de la resurrección que resucitó a Jesús de entre los muertos, restaurar y

santificar al hombre. Dios tomó carne humana para cumplir lo que el pueblo de Dios no podía, para que el hombre redimido pudiera, por el amor, la gracia y la misericordia de Dios, disfrutar de las bendiciones de su reinado justo.

Jesucristo, el Mesías ungido, el Hijo encarnado de Dios, había venido para establecer el reino de Dios, el **Reino Presente** que está tanto visible como oculto hoy en día.[7] Es visible en que los cristianos — consistiendo en todas las etnias, incluidos los judíos creyentes— reflejan que son el pueblo de Dios en su cultivación de la creación de Dios y la cultura en honor de Cristo, su Señor, viviendo vidas que muestran obediencia voluntaria a su palabra-ley (la Biblia). El reino está oculto, sin embargo, en el sentido de que aún no se ha manifestado plenamente, pero al regresar de Cristo en el momento reservado para el juicio, se manifestará plenamente en toda la creación, el **Reino**

---

7. Willem J. Ouweneel, *Power in Service: An Introduction to Christian Political Thought* (Jordan Station, ON.: Paideia Press, 2014), 4.

Perfeccionado.[8] Este es el reino que es proclamado por el pueblo de Dios, porque es por medio del reino de Dios que toda la creación será redimida y restaurada, comenzando con el corazón humano.

En afirmación de la armonía y la unidad de las Escrituras en relación con su narrativa en desarrollo, Norman L. Geisler, un teólogo cristiano, escribe:

El 'Paraíso Perdido' de Génesis se convierte en el 'Paraíso Recobrado' de Apocalipsis. Mientras que la puerta del árbol de la vida está cerrada en Génesis, está abierta para siempre en Apocalipsis.[9]

La Biblia, aunque escrita con manos humanas, es la revelación especial de Dios al hombre. Por su espíritu inspiró a sus autores a escribir el texto inerrante e infalible. Es la interpretación autoritaria de la realidad

---

8. Roberts, *God's Big Picture*, 25.
9. Norman L. Geisler and William E. Nix, *A General Introduction to the Bible*, Revised and Expanded (Chicago, IL.: Moody Publishers, 2008), 28.

de Dios, su palabra viva que penetra el corazón del hombre como una espada de doble filo, confrontándolo con la verdad sobre sí mismo y sus alrededores y eliminando toda falsedad. Como tal, siendo la palabra de Dios, es sin error, y no puede ser falso en lo que enseña. Esto es lo que afirma sobre sí mismo, y la verdadera iglesia ha sostenido esta doctrina desde su concepción.

3

LA CONTRIBUCIÓN CULTURAL
DE LA BIBLIA

Como resultado, por lo tanto, de lo que la Biblia decía ser, los cristianos —quienes históricamente eran la mayoría en el Occidente— se basaron en ello como su base para el desarrollo de la civilización occidental. Fue, de hecho, lo que facilitó y motivó el progreso en las esferas sociales. En su raíz, esta dependencia en la palabra de Dios para los asuntos públicos se remonta a la adopción del Imperio romano de la fe cristiana como la religión del estado, pero este no fue su comienzo. Históricamente, comenzó con el Jardín del Edén porque a Adán y Eva se les asignó la tarea de cultivar la creación en una civilización piadosa, y continuó con la nación de Israel en el Antiguo Testamento, quien confió en la palabra de Dios para la estructura y dirección de su civilización. Pero no fue hasta la reforma protestante (hace 500 años) que la Palabra de Dios se aplicó más fielmente en una sociedad mucho más grande en Occidente. Esto no era algo *nuevo*, sino más bien una recuperación de un mandato bíblico resultante de verdades y principios bíblicos recuperados que se habían revelado y aplicado progresivamente en la historia humana.

La Biblia misma habla de su amplio alcance, donde, por ejemplo, Zacarías 5:1-4 representa un rollo volador de la ley cubriendo una ciudad entera. Y en la primera carta del apóstol Pablo a los corintios, él escribe sobre la realeza universal de Cristo y que "debe reinar hasta que haya puesto a todos sus enemigos debajo de sus pies. Y el último enemigo que será abolido es la muerte. Porque Dios ha puesto todo en sujeción bajo sus pies..." (1 Cor. 15:25-27). Es en el rollo volador de Zacarías que cubre todo, y las palabras de Pablo sobre la sujeción de todas las cosas bajo los pies de Cristo, que aprendemos que la palabra de Dios es autoritaria y que gobierna al hombre en *todas* sus esferas sociales, incluyendo la vida familiar, la iglesia, el estado, la escuela, los negocios, las artes, las ciencias, el derecho, la economía, la política y todo lo demás. *Toda* la realidad es la realidad creada por Dios, y por lo tanto, *todas* las cosas están sujetas a la revelación de la palabra de Dios.

El reformador protestante Pierre Viret escribió en su libro *Introducción Cristiana en la Doctrina de la Ley y el Evangelio*:

Dios ha incluido en esta Ley [Escritura] cada aspecto de esa doctrina moral por la cual los hombres pueden vivir bien. Porque en estas Leyes él lo ha hecho infinitamente mejor que los Filósofos y todos sus libros, ya sea que traten sobre Ética, Economía o Política. Esta Ley está muy por encima de toda la legislación humana, ya sea pasada, presente o futura, y está por encima de todas las leyes y estatutos edictos por hombres... Esta Ley, si se entiende correctamente, nos proporcionará una verdadera Ética, Economía y Política.[10]

El estudio de Viret de la palabra de Dios descubrió (i) el alcance integral de la fe cristiana; (ii) el Señorío

---

10. Pierre Viret, *Instruction chrétienne en la doctrine de la Loi et de l'Evangile* (Genève, 1564), 255.

de Cristo que abarca todo; y (iii) la relevancia perdurable de su palabra revelación para el hombre y cada esfera de la vida. Él no abogó por un Biblicismo, que habría sido un abuso de las Escrituras, sino más bien por la interpretación y aplicación sabia y cuidadosa de los principios bíblicos para la cultivación y la posterior realización de una *verdadera* cultura, en la que podría haber una *verdadera* ética, economía, política, entre otros.

Una *verdadera* cultura solo puede existir cuando está arraigada estructuralmente en la Palabra de Dios y cuando la adoración predominante de la gente está orientada direccionalmente hacia el verdadero Dios Creador de la Biblia. Cuando la cultura se desvía de su verdadera dirección y socava su fundamento subyacente, la cultura no puede progresar, sino retroceder, eventualmente al punto de desorganización y autodestrucción.

Desde el momento en que la Biblia fue descartada como la respuesta a las preguntas de nuestra cultura y su reclamo de inspiración divina cuestionada, el

Occidente desde entonces ha socavado el fundamento seguro sobre el que se construyó nuestra sociedad. Podemos considerar, por ejemplo, el Estado de derecho y la protección de los derechos y la dignidad de la persona humana, que el filósofo indio Vishal Mangalwadi escribe en su libro *El libro que dio forma al mundo*:

> el pacto de los Diez Mandamientos fundó el principio moderno del constitucionalismo, o Estado de derecho, mediante una ley perpetua y obligatoria. La sumisión de Gran Bretaña al Estado de derecho se institucionalizó con la Magna Carta (1215), fundada en el derecho común, siguiendo el código de Alfredo el Grande. El código mosaico fue la base de tales códigos legales en el Occidente.[11]

---

11. Vishal Mangalwadi, *The Book that Made your World: How the Bible Created the Soul of Western Civilization* (Nashville: Thomas Nelson, 2011), 339.

La noción de "dignidad humana" fue original-
mente un concepto cristiano cuando consideramos
que fueron las Escrituras las que proporcionaron el
fundamento de la Declaración de Independencia (que
afirma el "derecho inalienable a la vida, la libertad y la
búsqueda de la felicidad");[12] la Declaración de Derechos Humanos de la ONU (que reconoce la dignidad
y la igualdad del hombre para la "libertad, justicia y
paz");[13] la Constitución para Europa de 2005 (que
también afirma los derechos inviolables de la dignidad humana);[14] y la Carta Canadiense de los Derechos

---

12. National Archives and Records Administration, "Declaration of independence–Text Transcript," The Charters of
Freedom, accessed April 19, 2016, http://www.archives.
gov/exhibits/charters/declaration_transcript.html.

13. United Nations, "The Universal Declaration of Human
Rights," United Nations, accessed April 19, 2016,
http://www.un.org/en/ universal-declaration-hu-
man-rights/.

14. European Communities, Treaty Establishing a Constitution for Europe, 2005, accessed April 18, 2016,
http://europa.eu/ eu-law/decision-making/treaties/pdf/
treaty_ establishing_a_constitution_for_europe/ treaty_
establishing_a_constitution_for_europe_ en.pdf.

Humanos (que declaran los "principios que reconocen la supremacía de Dios y el Estado de derecho").[15] Aunque estas cartas legales no son claramente "cristianas" en el sentido de que son estructural y religiosamente humanistas, sin que las Escrituras sirvan de base para la ley occidental, tales cartas nunca se habrían desarrollado y adoptado. Todo lo que han hecho los progresistas liberales de los últimos siglos es heredar lo que fue producido por un orden social cristiano e intentar redefinir y reinterpretar leyes y derechos contrarios a las normas establecidas en las Escrituras. En otras palabras, han tomado de la cosmovisión cristiana para construir sus versiones seculares y paganas de la sociedad. Pero en lugar del progreso humano, lo que estamos presenciando es un retroceso a la apostasía religiosa y la rebelión moral, que conduce a un orden social desorganizado.

Fue el obispo anglicano Michael Nazir-Ali quien

---

15. Legislative Services Branch, "CONSTITUTION ACT, 1982," Justice Laws Website, July 30, 2015, accessed April 19, 2016, http://laws-lois.justice.gc.ca/eng/Const/page-15.html.

escribió:

> Incluso los filósofos agnósticos han dicho que, al final, las nociones de dignidad humana inherente dependen de la visión judeocristiana de que hombres y mujeres han sido creados a la imagen de Dios y que esto nunca puede ser quitado de ellos.[16]

Cuando pensamos en los valores de cuidar a los débiles, los pobres, los desvalidos y los que la sociedad considera que no merecen, esto fue y siempre ha sido la raíz de un principio bíblico que condujo al establecimiento de hospitales, hospicios y bancos de ropa y comida. Porque cuando las plagas devastaron a Europa, fueron los cristianos quienes se quedaron para atender a los enfermos, incluso a costa de sus propias vidas. Estos son los valores bíblicos que se han institucionalizado en nuestra cultura y se han convertido

---

16. Michael Nazir-Ali, *The Unique and Universal Christ: Jesus in a Plural World.* (Colorado Springs, CO.: Paternoster, 2008), 3.

en un principio que fue emulado por otras culturas alrededor del mundo.[17] Es un principio que solo se puede sostener desde la cosmovisión cristiana, porque de ninguna otra filosofía de la vida puede surgir tal principio.

---

17. Ver Carlisle Percival, "The Imago Dei in Modern Healthcare", in *Jubilee: Recovering Biblical Foundations for Our Time*, ed. Joseph Boot, Spring 2012 (Toronto: Ezra Institute for Contemporary Christianity, 2010).

4

EL ALEJAMIENTO DE LA AUTORIDAD BÍBLICA (LA AUTONOMÍA PRETENDIDA)

EL ALEJAMIENTO de la autoridad de las Escrituras en el Occidente, sin embargo, se debió en gran parte a la síntesis (o combinación) anterior de los principios bíblicos con sistemas de pensamiento extranjeros y antitéticos. El romanticismo del siglo XVIII, por ejemplo, abogó por un individualismo radical que absolutizó el aspecto emocional del hombre, contrastando el racionalismo de la Ilustración. Las implicaciones subjetivas del romanticismo han moldeado, de muchas maneras, la modernidad en su pensamiento existencialista, donde el "creo, luego existo" de Rene Descartes ha sido reemplazado por "*siento*, luego existo". Este pensamiento es claramente evidente en los debates actuales sobre el género, la sexualidad y la familia, donde los "sentimientos" de una persona son absolutizados como la norma subjetiva y el estándar objetivo para la realidad. Pero el orden social moderno no solo ha sido influenciado por el romanticismo, sino también por la Ilustración de finales del siglo XVII y principios del XVIII.

El movimiento filosófico de la Ilustración se

ocupó principalmente de la absolutización del aspecto intelectual del hombre, y esto implicaba dos cosas: (i) descartando la Biblia como la fuente autoritaria para todo conocimiento; y (ii) proponiendo la "razón" como el "gran salvador" del hombre. La razón para descartar la autoridad bíblica fue expresada en el pensamiento racionalista como el hombre siendo capaz de llegar a un verdadero conocimiento sobre la realidad, la ética y la epistemología independientemente de la religión (en particular del cristianismo).

Las implicaciones del pensamiento ilustrado fueron el fomento de una aceptación del secularismo y la neutralidad religiosa en nuestro mundo actual, pero existen dos problemas fundamentales con el pensamiento racionalista. En primer lugar, al descartar la revelación autoritaria de la realidad de Dios, el hombre es incapaz de entender la inteligibilidad de la experiencia humana. Si somos la creación de Dios, y vivimos en el mundo de Dios, y fuimos creados para vivir y gobernar este mundo, ¿cómo podemos llegar a cualquier conocimiento verdadero sin presuponer el Dios que nos creó? Esto no quiere decir que no podamos llegar a ningún conocimiento, sino que no podemos *realmente* saber nada mientras no podamos dar sentido a nada. El ateo, por ejemplo, quien cree que el universo surgió por casualidad, debe explicar cómo el orden puede surgir del caos; cómo las leyes (que son fijas y absolutas) pueden existir en un universo gobernado por la casualidad; y cómo los valores morales son significativos en un universo que no tiene ningún propósito o significado. ¿Cómo justifica el impío laico la uniformidad de la realidad que todos presuponemos?

En segundo lugar, la "razón" de la Ilustración no es más que un concepto abstracto que no existe. Esto no debe confundirse con la capacidad intelectual del hombre para "entender". Podemos entender el texto que leemos en un libro; podemos entender los datos en una revista científica; podemos entender el canal de noticias en la televisión. Somos criaturas racionales, no me confundan diciendo que no lo somos. Pero el concepto de "razón" es algo más allá del intelecto del

hombre. Debemos preguntar: ¿Cómo sabemos qué es la "razón"? ¿Cómo podemos *ponernos de acuerdo* sobre qué es la "razón"? Si dos personas no están de acuerdo con su definición, ¿quién tiene la razón? ¿Cómo sabemos que el otro está mal? ¿Por cuál estándar sabemos esto?

El concepto abstracto de la "razón" fue introducido en el Occidente para reemplazar a la Biblia como la máxima autoridad para todo conocimiento. Es en la raíz lo que Adán y Eva buscaron en el Jardín del Edén, para determinar por sí mismos qué es moral (ética), qué es real (metafísica) y qué es verdadero (conocimiento), en contra de lo que Dios estableció para la ética, la metafísica, y el conocimiento. El filósofo P. Andrew Sandlin explica cómo fue la "razón" lo que llevó al Occidente a alejarse de las Escrituras en su libro *Cultura Cristiana*:

...el principio fundamental de la Ilustración: que ninguna autoridad podía juzgar la razón humana, que la razón y la experiencia del hombre

eran la medida de todas las cosas —
sofocó la cultura cristiana.[18]

Como resultado de la dirección rebelde de nuestra cultura, la Biblia ha pasado de (punto A) siendo la respuesta a las preguntas de nuestra cultura, a (punto B) siendo la pregunta de nuestra cultura. Podría expresarlo de esta manera: ya no es Dios quien juzga, ordena y guía al hombre a través de su Palabra, sino el hombre que juzga la palabra de Dios. Esta es la perspectiva prevaleciente de nuestra era, la cual se opone estructural y direccionalmente al Dios de la Biblia y sostiene al hombre como la medida de todas las cosas. Este es el *humanismo* que define nuestra época, tanto religiosa como secular.

Ahora, aquí está el punto de conflicto o antítesis entre los cristianos y los incrédulos: los primeros creen y afirman que la Biblia es la palabra inspirada e infalible de Dios para toda la vida. Los últimos, sin em-

---

18. P. Andrew Sandlin, *Christian Culture: An Introduction* (Mount Hermon, CA.: Center for Cultural Leadership, 2013), 23.

bargo, creen que la Biblia NO es la palabra de Dios, sino un libro que es únicamente la obra del hombre. Los primeros creen que no podemos saber nada si no es por la revelación de Dios, y los últimos creen que podemos saber casi cualquier cosa por la "razón" y sin la ayuda de la Biblia. ¿Qué podría decirte sobre esta antítesis (o conflicto)?

CAPÍTULO

5

EL AUTOTESTIMONIO
DE LA BIBLIA

Bueno, si recuerdan, desde el principio había dicho que mi posición es sin vergüenza la de los reformadores cristianos, principalmente, que creo que la Biblia es la palabra inspirada de Dios y que es la fuente de toda sabiduría y entendimiento. Déjame explicarte por qué creo que eso es verdad:

En 2 Timoteo 3:16, el apóstol Pablo declara:

"Toda Escritura es inspirada por Dios y útil para enseñar, para reprender, para corregir, para instruir en justicia".

Y en 2 Pedro 1:20-21, el apóstol Pedro dice:

"Pero ante todo sabed esto, que ninguna profecía de la Escritura es asunto de interpretación personal, pues ninguna profecía fue dada jamás por un acto de voluntad humana, sino que hombres inspirados por el Espíritu Santo hablaron de parte de Dios".

Hay varios otros pasajes que afirman este mismo mensaje, que para resumir es que, basándose en la inspiración del texto, "la Biblia misma afirma ser la

Palabra de Dios". También podemos referirnos a esto como la autotestificación de la Biblia, en la cual las Escrituras cristianas dan testimonio de su propia inspiración.

Ahora, por supuesto, soy muy consciente de qué objeciones generalmente vienen a la mente cuando se hace tal declaración:

1. La propia afirmación de la Biblia de que es la palabra de Dios no puede ser considerada válida;

2. Primero se debe pesar la evidencia para probar la veracidad de esta declaración;

3. Este es un razonamiento circular, y por lo tanto inválido.

6

EL AUTOTESTIFACIÓN
DE LA ESCRITURA

Para empezar, un libro sagrado no es "inspirado" (inspirado por Dios) porque alguien dice que lo es. Por ejemplo, los Vedas de los hindúes, o el Canon Pali de los budistas, no pretenden ser la palabra inspirada o dictada de Dios (que en sus casos son los dioses impersonales *Brahman* y Nirvana). Si todos los hindúes o budistas reclamaran que es la palabra de Dios, esto no la convertiría en la palabra de Dios. Si la mayoría de la humanidad afirmara que es la palabra de Dios, esto no la convertiría en la palabra de Dios. La veracidad de una declaración no es determinada por lo que cree la mayoría. Y si los libros en sí mismos no pretenden ser la palabra inspirada de Dios, entonces nunca se les puede considerar la palabra de Dios. ¿Y quién es el hombre para decir que es la palabra de dios?

La Biblia, sin embargo, afirma ser la palabra de Dios. Y porque hace esta afirmación, como criaturas racionales en el mundo creado por Dios, podemos verificar si esta afirmación es cierta al hacer las siguientes preguntas:

1. ¿Es internamente consistente?

2. ¿Explica adecuadamente la condición del hombre y nuestro mundo caído?

3. Al adoptar sus presuposiciones (es decir, al presuponer su verdad), ¿explica la inteligibilidad de la experiencia humana?

Primero debemos comenzar con lo que la Biblia afirma sobre sí misma, y luego estudiar su correspondencia con la realidad para verificar su afirmación. Mientras comencemos con las mismas presuposiciones que las Escrituras (presuponiendo su verdad), encontraremos que el 100 % del tiempo mostrará ser verdadero. Si hiciéramos esto con cualquier otro libro religioso, encontraremos que el 100 % del tiempo mostrará ser falso. Tengo la intención de demostrar esto en el próximo discurso de "Jesús entre otros dioses", por ahora, tengan paciencia conmigo con esta afirmación.

7

EVIDENCIAS Y HECHOS: EL MITO DE LA NEUTRALIDAD

SIN EMBARGO, puede que se diga a sí mismo: "Pero eso solo es porque estas presuponiendo su verdad, ¿qué tal de ser neutral en su pensamiento y luego consultar la evidencia extrabíblica? Sigue la evidencia donde sea que vaya". Esta es la segunda objeción que mencioné, y permíteme explicarte en dos puntos la falla en este enfoque.

Al principio, esto puede parecer noble y justo, pero ser "neutral" es únicamente teórico y es imposible realizarlo. No puedes ser neutral al consultar evidencias y hechos, porque cada vez que interactúas con una evidencia o un hecho, lo estás interpretando desde tu propia cosmovisión. Ya tienes creencias con respecto a la ética, la metafísica y la epistemología. No eres una "pizarra en blanco", la *tabula rasa* de la Ilustración. Eres tan religioso como la persona que está a tu lado, con tus propias presuposiciones. Poner a un lado sus creencias y presuposiciones es como el pájaro quitando sus alas o el leopardo perdiendo sus manchas. Tú y tus presuposiciones son inseparables, la única forma de eliminar una es eliminar la otra —y eso no suena muy atractivo, ¿verdad?—.

La verdad del asunto es que toda la humanidad, independientemente de lo que digan creer (o ya sea si han estado expuestos a la fe cristiana), presupone al Dios de la Biblia en su forma de vivir y pensar. Todos presuponemos la uniformidad de la experiencia humana

(i. e., espero que los alimentos se digieran cuando lo cómo; o espero que el agua hierva cuando lo caliento; o espero que la pasta de dientes se expulse cuando aprieto el recipiente). Hay una uniformidad en la realidad, una secuencia de eventos que llegamos a esperar, la relación de causa y efecto y todos los demás factores que están involucrados en ella.

Esto refleja la ley creacional de Dios, que a su vez refleja la existencia de Dios y su carácter lógicamente consistente.

También presuponemos las leyes de la lógica, como la ley de la no contradicción. Por ejemplo, cuando digo que (1) el Hombre no es una Mujer; y (2) la Mujer es un Hombre; solo una de estas afirmaciones puede ser verdadera en el mismo sentido. Si negamos la ley de la no contradicción, entonces el discurso inteligible sería imposible. También tenemos la ley de identidad, que no debe ignorarse, porque si me refiero a un "gato", no me refiero a un "perro". El lenguaje se quebraría si fuera puramente subjetivo. Esto también refleja la ley creacional de Dios, que a su vez refleja la existencia de Dios y su carácter lógicamente consistente.

Presuponemos efectivamente al Dios bíblico en nuestro pensar y vivir porque solo al presuponer a Dios podemos (i) vivir y pensar en el mundo creado por Dios, y (ii) dar sentido a la inteligibilidad de la experiencia humana. De nuevo, explicaré esto en el próximo discurso, pero por ahora, para resumir mi argumento en unas pocas palabras cortas que de otra manera no me distraerían del tema de este discurso, fue Greg L. Bahnsen, el apologista del siglo XX, quien hizo eco de la filosofía de su maestro, Cornelius Van Til, de que *la prueba de la cosmovisión cristiana es la imposibilidad de lo contrario.*

Considera esta realidad. Todos presuponemos al Dios bíblico en nuestro pensamiento y en nuestra vida porque sabemos que Él es verdadero, y tenemos este conocimiento en virtud de (i) ser creados a su imagen (es decir, somos como él tanto como una criatura puede ser), y (ii) por la revelación natural del mundo que nos rodea. Su revelación de la palabra es uno de los dos aspectos de la revelación unificada de Dios (el otro es la "realidad creada"). Y estas dos revelaciones se presuponen y se complementan.

Pero *¿por qué* es la Biblia la interpretación *autoritaria* de la realidad creada? ¿No es suficiente la revelación natural de Dios? En cierto sentido, es suficiente, porque nos deja claro que nuestro mundo no es lo que debería ser, y toda la creación lleva las huellas dactilares del Creador. En otro sentido, no es suficiente porque no comunica cómo el hombre puede ser redimido de su condición caída y quebrantada (por lo tanto, la revelación escrita de Dios). La revelación natural siempre fue destinada a ser uno de los dos aspectos de la revelación unificada de Dios, entonces nos

equivocaríamos al separarla de la revelación especial escrita de Dios.

La necesidad de las Escrituras también es explicada en los escritos de Pablo en Romanos 1, quien explica que aunque sabemos la verdad de Dios, suprimimos esta verdad por nuestra hostilidad hacia Dios. Le presuponemos en nuestro pensamiento y en nuestra vida, pero lo negamos en nuestras cosmovisiones profesadas (o presuposiciones). Somos contradicciones que caminan y hablan.

Esta supresión de la verdad es en parte la razón por la cual la Biblia fue dada al hombre, porque sin ella, los efectos *noéticos* del pecado (es decir, la influencia corrupta del pecado en la mente humana) harían imposible que el hombre solo interprete correctamente la revelación natural de Dios en la creación. Siempre buscaríamos reemplazar al verdadero Dios Creador por algún aspecto de su creación, y por esta razón, una interpretación autoritaria de la realidad creada de Dios era requerida del Creador mismo.

Para resumir mi primer punto sobre esto: El pensamiento neutral es una imposibilidad, o estamos sujetos a la obediencia a Dios, o nos configuramos en hostilidad hacia él. Como resultado, cualquier evidencia o hechos con los que nos encontremos se interpretarán ya sea de acuerdo con la revelación unificada de Dios, o mal interpretados (e incluso distorsionados) para negar o contradecir la revelación unificada de Dios. Esto nos lleva al segundo punto.

8

EVIDENCIAS Y HECHOS: NO HAY HECHOS BRUTOS

En lo que concierne a evidencias y hechos extrabíblicos, las cuales normalmente son solicitadas por escépticos e incrédulos para la veracidad y confiabilidad de las Escrituras, primero debemos abordar la filosofía subyacente de las evidencias y hechos. Déjame explicarte por qué.

Podría presentarles el hecho de que existen más copias de manuscritos antiguos para el Antiguo y el Nuevo Testamento que cualquier otra obra de la antigüedad.[19] De hecho, hay más de 28 000 manuscritos del Nuevo Testamento en varios idiomas antiguos, como copto, griego, latín, siríaco y más —mientras que la *Ilíada* de Homero solo tiene 643 copias manuscritas—. La ciencia de la crítica textual incluso ha confirmado que el 99 % de los manuscritos son precisos, y que el 1 % solo son resbalones de la pluma o errores gramaticales menores. El Dr. Bart Ehrman, un erudito que niega la inspiración de la Biblia, incluso escribió:

19. Ver *The Popular Handbook of Archaeology and the Bible: Discoveries that Confirm the Reliability of Scripture* (Eugene, OR.: Harvest House Publishers, 2013).

La mayoría de los cambios encontrados en nuestros primeros manuscritos cristianos no tienen nada que ver con la teología o la ideología.[20]

Quizás en respuesta a la evidencia presentada ante usted, y después de haber investigado usted mismo, podría estar de acuerdo en que la Biblia es la obra mejor conservada de la antigüedad con una cantidad abrumadora de apoyo arqueológico. Pero eso no te habrá convencido de que la Biblia es la palabra de Dios. No desafía tu cosmovisión, lo que crees sobre la realidad, la ética y la verdad.

También podría presentar pruebas sustanciales de la resurrección de Jesús, disipando las teorías de una muerte falsa, de alucinaciones y la de un gemelo idéntico oculto. Puedo afirmar que los evangelios son testimonios de testigos oculares, tal como lo expuso

---

20. Bart Ehrman, *Misquoting Jesus: The Story Behind Who Changed the Bible and Why* (New York, NY.: Harper San Francisco, 2005), 55.

el erudito Richard Bauckham,[21] y que todos los eventos (incluso los sobrenaturales) tuvieron lugar en la historia —e incluso puedes aceptar todo esto—. Pero esto no significa que aceptes la Biblia como la palabra de Dios, ¿verdad? Podrías decir: "Sí, parece irrefutable que Jesús resucitó de entre los muertos y que realizó muchos milagros, pero ¿y qué? Suceden cosas raras en nuestro mundo, simplemente no podemos explicarlas todavía".

Incluso puedes rechazar todas estas evidencias y hechos porque necesitas más evidencias para las evidencias que yo les presento. Si presento una prueba llamada "A", querrás evidencia para verificar a "A", entonces les presento la evidencia "B" para verificar a "A". Pero ahora querrás evidencias para verificar a "B", así que les presento la evidencia "C" para verificar a "B". Esto podría continuar por un infinito. Pero no razonamos así, ¿verdad? Si te digo que hace sol afuera, puedes ir a ver por ti mismo y verificar que es verdad.

---

21. Ver Richard Bauckham, *Jesus and the Eyewitnesses: The Gospels as Eyewitness Testimony*, second ed. (Grand Rapids, MI.: W.B. Eerdmans, 2017).

11111100 01111101 01111101 11011001 11001010 11101000
10011100 01100010 01011111 11010011 10001100 10001101
01001001 11100010 01011011 11000101 10001011 01000011
00011111 00001000 01011011 01001111 10100101 01111001
01010010 01100011 00000100 00001011 10011100 00101000
11010010 10000111 00011000 10011101 01111011 01011010
01010001 00100101 11110001 00110111 00100100 11010110
11101000 10011110 11101111 10100000 10010011 00100010
10001101 01110101 10010000 01011011 01110000 10111110
01000011 01000111 00011110 01001101 00000010 11100100
01111001 00111001 11001011 01101010 01000110111011011
00101000 00010110 00111010 10000100 10011001 11010100
01011010 10001100 10101010 11101100 11100001 10100100
11010110 10101100 01011111 00111001 01100111 11111100
00100001 00010111 01000011 00011100 11100010 10011100
10111110 10110010 10110101 10010011 11001011 01001001
11100100 00011010 10010010 10000010 00100011 00011111
11101111 10010011 10000000 01100110 10111001 01010010
11010100 10001101 01100111 00000101 00100011 11010010
10100100 01001000 00110111 00100001 01000101 01010001
11111100 01111101 01111101 11011001 11001010 11101000
10011100 01100010 01011111 11010011 10001100 10001101
01001001 11100010 01011011 01001111 10100101 01000011
00011111 00001000 01011011 01001111 10100101 01111001
01010010 01100011 000C0100 00001011 10011100 00101000
11010010 10000111 00011000 10011101 01111011 01011010
01010001 00100101 11110001 00110111 00100100 11010110
11101000 10011110 111G1111 10100000 10010111 00100001
10001101 01110101 10010000 01011011 01110000 10111110
01000011 01000111 00011110 01001101 00000010 11100100
01111001 00111001 11001011 01101010 01000110111011011
00101000 00010110 00111010 10000100 10011001 11010100
01011010 10001100 10101010 11101100 11100001 10100100
11010110 10101100 01011111 00111001 11111100
00100001 00010111 01000011 00011100 11100010 10011100
10111110 10110010 10110101 10010011 11001011 01001001
11100100 00011010 10010010 10000010 00100011 00011111
11101111 10010011 10000000 01100110 10111001 01010010
11010100 10001101 01100111 00000101 00100011 11010010
10100100 01001000 00110111 00100001 01000101 01010001

No vas a pedir por evidencias de que sus ojos están funcionando correctamente, y que su mente está recibiendo la imagen correcta, y que la imagen es, de hecho, un cielo soleado. En algún momento, todos nos referimos a alguna autoridad última para nuestra certeza.

Dos puntos deben hacerse aquí: (1) Las evidencias y los hechos no son neutrales, abstractos e impersonales. Si lo fueran, entonces las evidencias no serían más que datos no diferenciados, y no podríamos explicar por qué tales evidencias son inteligibles para la mente humana, de hecho, serían ininteligibles por implicación. En cambio, las evidencias y los hechos son hechos personales y objetivos creados porque vivimos en el mundo de Dios. Son (en otras palabras) *los hechos de Dios*. Esto significa que tienen un significado objetivo porque son parte de la revelación natural de Dios, así que interpretamos ya sea las evidencias y los hechos verdaderamente como son (guiados por la palabra de Dios), o los tomamos prestados y los malinterpretamos por completo para apoyar una falsa filosofía de vida.

CAPÍTULO

RAZONAMIENTO CIRCULAR

En lo que concierne al razonamiento circular, bueno, la verdad del asunto es que (2) no podemos evitar el razonamiento circular porque concierne a nuestra autoridad última para la certeza. Para muchos, la "razón" del hombre es su autoridad última. Él es la medida de todas las cosas. Y así, a diferencia de la respuesta del cristiano de "Porque la Biblia lo dice", el racionalista dirá "Porque esa es la conclusión de la razón", o "Porque he razonado así". Argumentar que el autotestimonio de la Biblia de su inspiración divina es el razonamiento circular no es una objeción válida cuando cada argumento sobre nuestra autoridad epistemológica última es circular en sí mismo.

Vemos esto, por ejemplo, cuando preguntamos: ¿Demuestra nuestra cosmovisión profesada, o la de las Escrituras, sus propias conclusiones utilizando sus propios estándares? Aquellos que creen que la razón humana es la autoridad última deben presuponer la autoridad de la razón en sus argumentos a favor del racionalismo. Aquellos que creen en la autoridad última de nuestra experiencia sensorial deben presuponer

esa misma autoridad al defender el empirismo. Y para aquellos que son escépticos, deben ser escépticos sobre su escepticismo para ser consistentes. Como escribe el filósofo reformado John M. Frame:

> El punto es que cuando uno discute por un criterio final, ya sea la Escritura, el Corán, la razón humana, la sensación o lo que sea, debe usar criterios compatibles con esa conclusión. Si eso es circularidad, entonces todos son culpables de circularidad.[22]

Si tuviéramos que realizar un estudio de las religiones del mundo, lo que descubriríamos es que cada cosmovisión, cada filosofía de la vida, aparte de las Escrituras, se secuestra a sí misma y no puede demostrar sus propias conclusiones sobre lo que es real, lo que es moral y lo que es verdadero por sus propias nor-

---

22. John M. Frame, "Why Everyone is Guilty of the Circular Argument". P&R Books (2015). https:// www.prpbooks. com/blog/2015/08/10376/

mas y presuposiciones. Y eso se debe a que no pueden pararse por sí mismos, deben tomar capital prestado de la cosmovisión cristiana para funcionar de alguna manera. Considere esto mientras analizamos las tres cosmovisiones religiosas predominantes en nuestro próximo discurso.

10

EL TÓNICO DE LA BIBLIA

Es en un mundo caído y quebrantado, con una cultura que está retrocediendo hacia la inestabilidad estructural, que estoy aquí como la iglesia ha hecho históricamente para llamar a cada oyente a la verdad de la palabra de Dios con la esperanza de la restauración de la creación de Dios. La Biblia, como la palabra inspirada de Dios, interpreta correctamente nuestro mundo como en necesidad de redención y restauración. Y siendo sin error, siendo verdadero en todo lo que enseña, la palabra de la revelación de Dios es la autoridad absoluta para todo conocimiento, guiando al hombre en su estudio y cultivación de todos los aspectos de la creación de Dios, e instruyéndolo en el camino de la salvación en Jesucristo —una restauración que no es solo para la persona sino para todo el orden creado—.

Si esperamos tener un verdadero entendimiento de la realidad, de la moralidad y del conocimiento; y recuperar los principios bíblicos sobre los que se construyó la civilización occidental para que podamos reformar la cultura humana, entonces debemos volver al principio de *Sola Scriptura*, restaurando la posición de la Escritura en el lugar que le corresponde como la autoridad última para toda la vida y el pensamiento —y no solo en la iglesia, sino en todos los aspectos y esferas de la sociedad—. Solo entonces podremos cultivar verdaderamente una *verdadera* cultura, orientada correctamente hacia el Dios Creador de las Escrituras. Porque solo amando a Dios podemos amar efectivamente al prójimo.

Este regreso a *Sola Scriptura*, sin embargo, primero implica una renuncia a nuestra autonomía pretendida, esta falsa creencia de que de alguna manera podemos ser neutrales, independientes de Dios y jueces sobre lo que es real, moral y verdadero (según lo establecido por Dios). Implica rendirse completamente a la autoridad absoluta de la palabra de Dios, arrepintiéndonos de nuestro pecado (nuestras violaciones de la ley de Dios) y poner nuestra fe en lo que Cristo ha hecho en la cruz por la salvación del pecador. Cuando nos sometamos a su reinado, y somos renovados por la gracia y el poder de Dios, podremos entonces apli-

car esta gracia y poder transformador a toda obra que ponemos nuestras manos para hacer. Porque este ha sido el llamado del hombre desde el principio, como la Biblia nos dice, a cultivar la creación de Dios en una civilización divina, extendiendo su reino hasta los confines de la tierra. Como los teólogos llaman a esto, el "mandato cultural", que se renovó en la Gran Comisión (Mateo 28:18-20).

Este es el evangelio (la buena noticia) de la Escritura, la restauración del hombre a la imagen de Dios para la recuperación de su vocación y propósito; preservar y promover la bondad, la verdad y la belleza del reino de Dios, reclamando la creación como el teatro de la gloria de Dios.

Sin la revelación autoritaria de Dios que interpreta, presupone y complementa la revelación natural de Dios en la creación, el hombre se perderá para siempre en sus falsas filosofías e ilusiones —persiguiendo el viento—. No sabrá cuál es su verdadero propósito, no logrará encontrar el sentido en su trabajo cotidiano y se ahogará en su propia inutilidad y desdicha

—tratando desesperadamente de comprender la realidad, la moralidad y el conocimiento independientemente de Dios, pero siempre fallando porque no puede evitar presuponer a Dios en su vivir y en su pensamiento—. Y si, al final, se resuelve a sí mismo a rechazar la revelación soberana de Dios, a rechazar a Cristo, quien es el punto focal de su desarrollo de la historia redentora, a rechazar al Salvador del mundo y al Señor de toda la creación, será juzgado y encontrado culpable por haber desafiado la ley del rey universal, por ser un pecador bruto y vil. Porque la verdadera justicia exige juicio.

Al despedirme, mis queridos oyentes, les suplico que presten atención a mis palabras: Es solo a través de la obediencia y la aplicación del alcance integral de la inspirada palabra de Dios que la estructura y la dirección de la vida y el pensamiento humano pueden orientarse y realizarse correctamente. No hay otra fuente de vida, sabiduría y entendimiento para que los hombres toman como su autoridad última. Que la Biblia sea el fundamento de tu vida.

SOBRE EL AUTOR

STEVEN R. MARTINS es un investigador, escritor y apologista. El sirve como pastor fundador de Sevilla Chapel (St. Catharines, Canada), director del Cántaro Institute, y ha servido con el Ezra Institute for Contemporary Christianity (EICC) por cuatro años. También ha colaborado con artículos en *Coalición por el Evangelio* (TGC) y en la revista *Siglo XXI* de Editorial CLIR. Tiene una Maestría en Estudios Teológicos *summa cum laude* de Veritas International University (California, EE.UU.) y un Bachelors de Gestión de Recursos Humanos de York University (Toronto, Canada). Steven vive en Jordan Station, Canada, con su esposa Cindy y sus hijos Matthias, Timothy y Nehemías.